TRIBUNAL DE COMMERCE DE LYON

DU

Contrat de louage d'ouvrage

Droits respectifs des Patrons et des Employés
EN CAS DE RUPTURE

Rapport présenté à la Réunion des Tribunaux de commerce de 1898

La Réunion préparatoire qui a fixé le programme de cette Conférence a bien voulu me charger de vous présenter une étude sommaire sur les effets légaux et juridiques de la rupture des contrats de louage d'ouvrage, entre patrons et employés, question qui comporte depuis quelque temps de nombreux procès, souvent fort délicats.

Ce n'est pas dans notre Code favori, le Code de commerce, que nous trouvons les règles de droit dont nous devons faire application aux causes de cette nature ; le Code civil seul contient les prescriptions en cette matière, c'est-à-dire tous les textes y afférents et qui sont les suivants, pour ce qui concerne le sujet à traiter :

Définition et doctrine. — « Art. 1708. — Il y a deux sortes de con-
« trats de louage :
          « Celui des choses,
          « Et celui d'ouvrage. »
« Art. 1710. — Le louage d'ouvrage est un contrat par lequel l'une
« des parties s'engage à faire quelque chose pour l'autre moyennant un
« prix convenu entre elles. »

TRIBUNAL DE COMMERCE DE LYON

DU

Contrat de louage d'ouvrage

DROITS RESPECTIFS DES PATRONS ET DES EMPLOYÉS

EN CAS DE RUPTURE

RAPPORT

Présenté à la Réunion des Tribunaux de Commerce
de 1898

LYON

A. REY & Cᴵᴱ, IMPRIMEURS-ÉDITEURS

4, RUE GENTIL, 4

1899

L'article 1779 indique ensuite les subdivisions du contrat énoncé en l'article 1710 et qui sont les suivantes :

1° Le louage des gens de travail qui s'engagent au service de quelqu'un ;

2° Celui des voituriers, tant par terre que par eau, qui se chargent du transport des personnes ou des marchandises ;

3° Celui des entrepreneurs d'ouvrage par suite de devis ou marchés.

C'est seulement du premier paragraphe que j'aurai à m'occuper et uniquement de la rupture des contrats qui s'y rapportent; mais, comme il faut avant tout, partir d'une définition claire, il convient de préciser d'abord quelles sont les catégories que le législateur a entendu désigner dans cette appellation laconique *gens de travail*.

Voici, à cet égard, les opinions de divers jurisconsultes autorisés :

Les règles posées par la loi, dans la section première du chapitre III intitulée *Du louage des domestiques et des ouvriers*, ne s'appliquent pas seulement à ces deux catégories de personnes, mais à tous ceux dont les services peuvent former l'objet d'une location, encore qu'ils ne puissent être considérés ni comme ouvriers, ni comme domestiques (Baudry, Lacantinerie et Wahl).

Ainsi, notamment, elles seraient applicables au concierge (Mahaut, Guillouard);

A l'employé de commerce ou commis (Ruben de Couder, Guillouard) ;

Au facteur d'un établissement, pour le compte d'autrui (Foulnier);

Au précepteur (Aubry et Rau);

A l'artiste dramatique (Ruben de Couder) ;

Aux rédacteurs de journaux (Delamarre);

Aux agents des Compagnies d'assurances (Guillouard), etc.

D'autres auteurs l'étendent aux travaux des professions libérales, telles que, avocats, médecins, professeurs, littérateurs.

« Au reste, conclut le *Répertoire Général du Droit Français*, comme « nous n'avons point, dans notre législation moderne, de définition légale « du mot *ouvrier*, la conséquence qui selon nous découle logiquement de « cette absence de définition, c'est que la question de savoir si une per- « sonne est ou non un ouvrier constitue une question de fait à résoudre « souverainement par les Tribunaux. Toute définition qu'on tenterait à « cet égard risquerait d'être ou trop large, ou trop étroite. »

En faisant ces citations, j'ai simplement voulu combler les lacunes du texte, mais non, comme il semblerait, ouvrir une parenthèse au sujet de la question de compétence, qui sur ce point se confond avec les règles générales en pareille matière.

Abordons maintenant l'article 1780 qui est le véritable fond de notre sujet et étudions-en rapidement la lettre et l'esprit.

Texte nouveau. — Cet article a été modifié par la loi du 27 décembre 1890, et il est depuis lors ainsi conçu :

« 1° On ne peut engager ses services qu'à temps ou pour une entreprise « déterminée.

« 2° Le louage de services fait sans détermination de durée peut « toujours cesser par la volonté d'une des parties contractantes.

« 3° Néanmoins, la résiliation du contrat par la volonté d'un seul des « contractants *peut* donner lieu à des dommages-intérêts.

« 4° Pour la fixation de l'indemnité à allouer, le cas échéant, il est tenu « compte des usages, de la nature des services engagés, du temps écoulé, « des retenues opérées et des versements effectués en vue d'une pension « de retraite, et, en général, de toutes les circonstances qui peuvent « justifier l'existence et déterminer l'étendue du préjudice causé.

« 5° Les parties ne peuvent renoncer à l'avance au droit éventuel de « demander des dommages-intérêts en vertu des dispositions ci-dessus. »

Enfin un dernier paragraphe qui serait mieux placé, semble-t-il, dans le Code de procédure et qui paraît oublier l'intervention fréquente des Tribunaux de commerce dans ces sortes de litiges, est ainsi conçu :

« 6° Les contestations auxquelles pourra donner lieu l'application des « paragraphes précédents, lorsqu'elles seront portées devant les Tribu- « naux civils et devant les Cours d'appel, seront instruites comme affaires « sommaires et jugées d'urgence. »

Innovations. — Quelles modifications a apportées au droit commun ancien, l'introduction de la loi de 1890 dans l'article 1780 du Code civil?

Je n'en vois qu'une d'essentielle et de véritablement nouvelle, qui a été, d'ailleurs, le seul but déterminant de la loi : c'est de réglementer l'usage souvent abusif que faisaient, des fonds capitalisés pour les retraites, certaines grandes Administrations et Compagnies de chemins de fer à l'encontre de leurs employés révoqués ou renvoyés.

Cette loi a mis les Administrations et Compagnies de chemins de fer dans l'obligation de soumettre à l'homologation ministérielle, dans le délai d'une année, les statuts et règlements de leurs caisses de retraite et de secours.

Cela a été fait, comme bien on pense ; mais il faut que je vous signale en passant que, bien longtemps après le 27 décembre 1891, il a été plaidé à notre barre, dans le procès d'un employé contre une Compagnie de chemins de fer, que l'homologation ministérielle n'ayant pas encore vu le jour, il n'y avait lieu à rien modifier aux conventions et aux usages anciens, c'est-à-dire qu'il fallait maintenir la confiscation, au profit de la Compagnie, des fonds de retraite.

Eh bien, mes chers Collègues, nous manquâmes peut-être un peu, ce jour-là, au respect dû au formalisme administratif, mais nous condamnâmes la Compagnie des chemins de fer à rembourser les retenues opérées sur le salaire de l'employé, renvoyé d'ailleurs sans motifs graves, et la Compagnie n'a nullement interjeté appel de notre jugement, qui était une sorte d'application anticipée.

La prétention de la Compagnie nous avait paru draconienne, léonine, et nous l'avions repoussée.

D'autres Tribunaux avant nous, et même des Cours d'appel, avaient jugé pareillement en des espèces semblables ou analogues, et avaient condamné les Compagnies dans certaines hypothèses, soit à restituer le montant des retenues opérées, soit à payer une certaine somme à titre de dommages-intérêts à l'employé congédié; mais lorsque ces jugements ou ces arrêts ont été déférés à la Cour de cassation, spécialement sur les retenues des pensions de retraite, la Cour suprême les a régulièrement cassés pour violation formelle de l'article 1134 du Code civil (qui dit que les conventions légalement formées tiennent lieu de loi à ceux qui les ont faites).

Cependant dans d'autres cas, où on pouvait mettre en doute le caractère régulier et légal des conventions, il avait été rendu de nombreuses décisions accueillant les demandes de remboursement ou de dommages-intérêts, et il en était résulté une jurisprudence confuse et hésitante qui devra désormais se mieux préciser.

Poursuivons les modifications qu'a pu apporter la loi de 1890.

« Le louage de services sans détermination de durée peut toujours
« cesser par la volonté d'une des parties contractantes. »

Cela semble à première vue déroger au droit commun d'après lequel les contrats ne peuvent être résiliés que d'un consentement mutuel (Code Civil, 1134); mais, dans les contrats de louage d'ouvrage, la pratique juridique était toute différente et on peut dire que rien n'a été changé à partir du 27 décembre 1890.

Pour les deux paragraphes suivants, rien non plus de bien nouveau : Avant comme après, la brusque résiliation sans motifs valables pouvait entraîner l'action en dommages-intérêts et le quantum du préjudice dépendait des usages, de la situation, de la nature et de la durée des services de la partie lésée.

Enfin, ce qui peut être tenu encore pour une innovation, c'est la nullité de toute stipulation portant renonciation, par avance, au droit éventuel de demander des dommages-intérêts malgré que, autrefois, une telle renonciation pût être annulée, en thèse générale, lorsqu'elle était entachée de surprise ou de pression.

Cependant, c'était un point à préciser quant au contrat de louage d'ouvrage, et on ne peut que rendre hommage à la sollicitude du législateur qui a voulu mettre un terme à de véritables abus.

Certaines grandes Compagnies et autres grands employeurs avaient établi des contrats qui, partis d'un sentiment de défense légitime à l'égard de leur personnel, aboutissaient parfois à des sortes de spoliations. Les clauses les plus rigoureuses — le plus souvent imprimées et revêtant par cela même un caractère banal et anodin — étaient acceptées sans réserves par des employés nécessiteux et désarmés, qui pouvaient être plus tard brutalement révoqués sans la moindre indemnité. Ainsi il a été jugé : « que le patron qui congédie son employé n'est point tenu de justi-« fier d'une cause légitime de renvoi » (Grenoble, 27 juin 1867 ; Lyon, 26 novembre 1867) ; « que la décision qui, sans relever à la « charge du maître aucune infraction à la loi du contrat, le condamne à « des dommages-intérêts envers son employé par le seul fait *de l'avoir* « *renvoyé sans motifs légitimes,* doit être cassée. » (Cas., 10 mai 1875.)

Depuis la loi de 1890, il est nettement contraire à l'ordre public de contracter l'engagement de renoncer systématiquement à tous dommages-intérêts, quelles que soient les circonstances de la rupture. Cette disposition légale a, nettement aussi, ouvert et caractérisé l'intervention des Tribunaux dans l'appréciation et l'allocation des indemnités, lorsque se produit inopinément la résolution *unilatérale* du contrat dont s'agit.

Après cet exposé préalable, voyons maintenant les commentaires et l'application qui ont été faits de cette loi, et consultons les divers documents de doctrine et de jurisprudence.

Contrats à durée déterminée. — Avant cela, cependant, distinguons rapidement les deux sortes de contrats de louages : à durée déterminée et à durée indéterminée.

Le premier a donné rarement lieu à des difficultés d'interprétation ; il a, en effet, une étendue et une échéance précises ; l'interruption par une des parties en cours d'exécution a, de tout temps, ouvert la porte à l'arbitrage du préjudice souffert.

Lorsque ce contrat, après l'échéance primitivement prévue, vient à continuer, ne fût-ce que par tacite reconduction, il se confond avec le contrat à durée indéterminée.

Ici, quelques citations de jurisprudence sont cependant nécessaires pour bien saisir l'état de la question :

« Lorsque la durée du louage de services est déterminée par une clause « expresse ou tacite, chacune des parties contractantes est liée jusqu'à « l'expiration du terme convenu. Toutefois, on ne peut la contraindre « par la force à exécuter son engagement ; il y a là une obligation de faire « dont l'inexécution se résout en dommages-intérêts. » (Baudry, Lacantinerie et Wahl.)

« Lorsqu'un patron a fait offrir par un intermédiaire à des ouvriers *un* « *travail assuré pour trois ans* à des conditions de prix déterminées, « l'ouvrier qui a accepté cette offre, et qui, sur la foi de cette promesse, « a quitté sa résidence, est fondé à réclamer une indemnité du patron « qui, avant l'expiration du terme fixé, le congédie ou lui impose un « salaire inférieur à celui qui avait été spécifié. » (Lyon, 13 juin 1894.)

« L'allégation, même justifiée de l'insuffisance des commandes ou des « mauvais placements de marchandises non plus que le fait d'une saisie- « arrêt pratiquée sur le salaire d'un employé, engagé pour une période « fixe, ne justifient pas, en soi, la rupture du contrat sans indemnité. » (Lyon, 13 novembre 1895.)

« Le patron qui congédie des employés attachés à sa maison de « commerce pour un certain temps est tenu de les indemniser alors « même qu'il ne les renverrait que par suite de la vente de son établisse- « ment, nécessitée par des pertes d'exploitation. »

Cependant, la jurisprudence la plus récente a une tendance à conclure qu'il y a quelques cas où on pourrait résilier le contrat avant l'époque fixée pour sa fin. En effet, dans le cas de louage de services avec détermination de durée, c'est l'article 1184 du Code civil qu'il convient d'appliquer, quant au droit qu'a chaque partie d'y mettre fin, si l'autre partie manque elle-même à ses engagements. Ainsi le maître qui peut imputer à son domestique un manquement grave à ses devoirs professionnels a le droit de le congédier immédiatement et sans indemnité quelles que soient les stipulations du contrat qui les lie (Aubry et Rau, Laurent, Guillouard).

Même droit lorsque l'employé a dissimulé ses antécédents judiciaires, alors que la connaissance par les tiers de ces antécédents est de nature à discréditer le patron et l'entreprise dans laquelle il emploie le commis. (Cass., 26 février 1896[1].)

---

[1] Jugé par le Tribunal de commerce de Lyon, dans une espèce relative à un représentant, que les frais faits pour réception d'échantillons, envoi de circulaires, doivent être néanmoins remboursés.

La survenance d'une guerre, obligeant le patron à restreindre ses opérations, sans l'empêcher de continuer son entreprise, ne justifie pas la rupture d'un contrat de louage de services pour un temps déterminé. En cas de congédiement, le patron est tenu de payer les appointements courus et le dédit stipulé, *sauf aux juges à en réduire le chiffre suivant les circonstances*. (Nancy, 14 juillet 1871[2].)

L'employé intéressé d'une Société, entré à son service pour toute la durée de la Société, avec stipulation de dédit en cas de rupture des accords, n'a pas le droit de réclamer le dédit stipulé, lorsque la cessation de son emploi provient de la rupture de la Société avant terme. (Trib. com. Marseille, 14 janv. 1896.)

Certaines de ces solutions peuvent, *a fortiori*, s'appliquer au contrat de louage d'ouvrage sans limitation.

Il se présente immédiatement le double aspect de la question : le délai nécessaire de préavis et l'indemnité en cas de rupture intempestive.

Le deuxième paragraphe de l'article 1780 dit « que le louage de services fait sans détermination de durée *peut toujours cesser par la volonté* D'UNE des parties contractantes. » A plus forte raison peut-on stipuler dans des conventions que les parties se réservent de se quitter respectivement sans aucun préavis.

Et, cependant, cela paraît un peu illusoire, puisque le paragraphe 3 du même article, énonce « que la résiliation du contrat par la volonté d'un « seul des contractants *peut* donner lieu à des dommages-intérêts. »

Cela revient à dire que, nonobstant l'entente de supprimer tout délai de rupture, il convient, pour éviter toute difficulté, de tenir compte des usages, de la nature des services engagés — expressions mêmes du paragraphe 4 — dans le congé à donner. Tous les contractants, tous les employés ne doivent pas être traités d'une manière uniforme dans la rupture des contrats ; c'est la nature même de l'emploi qui doit régler le mode de dénonciation ou de résiliation.

Toutefois, il convient de citer ici l'opinion autorisée de M. Loreau, rapporteur de la loi de 1890 à la Chambre des députés : « Il faut abso-« lument, disait-il, qu'il soit établi par la partie plaignante qu'il y a eu « abus : ce n'est que dans le cas net et précis où il y aura eu abus jugé « par le Tribunal, qu'il pourrait y avoir lieu à des dommages-intérêts. »

Voici au surplus l'interprétation donnée à la loi par l'avocat général,

---

[2] Une disposition législative est actuellement pendante devant la Chambre des Députés (25 novembre 1898) pour édicter que le contrat de louage d'ouvrage ne pourra être rompu à cause de certaines périodes de service militaire.

M. Rau, devant la Cour de cassation, dans une affaire où celle-ci a fait droit à ses conclusions :

« L'article premier de la loi de 1890 proclame que la faculté de résilia-
« tion existe dans tout contrat de louage de services fait sans déter-
« mination de durée. Il s'agit donc d'un droit reconnu expressément
« par le législateur au profit de chacune des parties. Or, l'exercice d'un
« droit ne peut engager la responsabilité de *celui qui en use normalement.*
« Pour réussir, dans une demande de dommages et intérêts, l'autre con-
« tractant sera tenu d'établir que le droit a été dépassé, qu'il en a été fait
« par son adversaire un emploi *abusif* constituant, comme nous le
« disions, une faute *particulière*. Soit, dira-t-on. Seulement s'il en est
« ainsi, la loi nouvelle est sans utilité aucune. Je ne saurais le croire.
« Tout d'abord elle a entendu que les Tribunaux se montrassent plus
« larges dans l'appréciation des faits à considérer comme constitutifs de
« la faute. Elle a en outre augmenté le nombre des éléments dont il faut
« tenir compte, une fois la faute établie, pour fixer le montant de
« l'indemnité. Elle a enfin déclaré illicite la renonciation anticipée à une
« demande de dommages et intérêts.

« Voilà, certes, des résultats importants qui démontrent l'utilité de
« l'addition faite en 1890 au Code civil.

« En quoi consistera la faute *spéciale* dérivant de la loi nouvelle ? Sur
« ce point, il est impossible de tracer des règles absolues. La solution
« variera nécessairement avec chaque espèce : pas de difficultés lorsque
« des usages constants auront été méconnus, lorsque, à défaut d'usage,
« les parties seront convenues implicitement ou expressément de ne
« pouvoir se dégager unilatéralement qu'en observant certains délais ou
« certaines autres conditions. Pas de difficultés non plus, lorsqu'on relè-
« vera chez le contractant qui arrête le cours de la convention une inten-
« tion de nuire à son cocontractant. Mais, lorsque rien de pareil ne se
« présentera, il faudra examiner de près les circonstances.

« En résumé, j'estime, d'une part, qu'une condamnation à des dom-
« mages et intérêts ne peut intervenir qu'autant qu'une faute particu-
« lière est constatée et, d'autre part, que la décision du juge du fait rela-
« tivement à l'existence de cette faute, *demeure soumise à votre contrôle.*
« Tels sont les principes généraux qui me paraissent devoir être appli-
« qués dans le présent procès et dans les autres espèces sur lesquelles la
« Cour est appelée aujourd'hui à se prononcer. »

Et la Cour de cassation, conformément à ces conclusions, après en avoir délibéré en la chambre du Conseil, a rendu l'arrêt que voici :

« LA COUR,

« Sur le moyen unique du pourvoi : — Vu les articles 1780 du Code
« civil et premier de la loi du 27 décembre 1890 ; — attendu que le louage
« de services fait sans détermination de durée peut toujours cesser par la
« volonté d'une des parties contractantes, mais que cette résiliation peut
« donner lieu à des dommages et intérêts lorsque la partie qui en est l'auteur
« a fait de son droit un usage *abusif* et *préjudiciable :* que le juge du fond
« doit relever les circonstances desquelles il fait résulter, soit l'existence,
« soit l'inexistence de cette *faute,* pour que la Cour de cassation puisse
« exercer son contrôle ; — attendu que l'ouvrier Maître n'invoquait à
« l'appui de sa demande en dommages et intérêts aucune convention
« expresse ou tacite qui obligerait son patron Dehaître à lui en payer, au
« cas de brusque rupture du contrat de louage qui les liait l'un à l'autre
« sans détermination de durée ; qu'il n'a pas non plus articulé aucune
« circonstance qui puisse faire considérer le patron comme ayant abusé de
« son droit de résiliation ; que le jugement attaqué a condamné Dehaître à
« payer une indemnité, par ce seul motif qu'il avait renvoyé son ouvrier
« sans délai-congé : d'où il suit que ledit jugement a faussement appliqué
« et par suite violé les articles ci-dessus visés ; parces motifs, casse, etc. ».
(Du 20 mars 1895. Chambre civile : MM. Mazeau, premier président ;
Raynaud, rapporteur ; Rau, avocat général.)

La Cour a rendu un second arrêt, le 5 février 1896 (D. p. 96, I. 579),
énonçant les mêmes principes et dont voici la rubrique :

« La résiliation du contrat de louage de services à durée indéterminée
« est susceptible de donner lieu à une demande de dommages et intérêts
« au profit de celui qui en souffre, lorsqu'elle a lieu par la volonté de
« l'une seule des parties et qu'elle a été *abusive* et *préjudiciable.* » (Chambre civile : MM. Mazeau, premier président, et Falcimaigne, rapporteur.)

Remarques. — Deux remarques importantes sont à tirer de ces documents :

La première est que la décision du juge du fait reste soumise au *contrôle
de la Cour de cassation* qui exige que le juge du fond « relève les circon-
« stances desquelles il fait résulter soit l'existence, soit l'inexistence
« d'une faute ».

Cela veut dire, sans doute, qu'une formule trop générale, ne détaillant
pas et ne précisant pas assez les faits générateurs de la rupture, expose à
la cassation pour insuffisance de motifs.

Cependant je dois signaler un autre arrêt de Cassation du 14 novembre 1894, qui s'exprime ainsi :

« Le rejet de la demande en dommages-intérêts est suffisamment jus-
« tifié lorsque les juges du fait décident par appréciation des faits de la
« cause que le congé, d'une part, n'a pas été donné par le patron sans
« motif sérieux et sans raison légitime, et, d'autre part, qu'il n'a rien eu
« d'intempestif et de brutal. »

N'importe, nous estimerons évidemment tous qu'il est préférable de
développer et de préciser les motifs.

La seconde remarque est que le juge du fond devra préciser aussi la
faute « spéciale » ainsi que le préjudice « spécial », inhérents au contrat
rompu.

C'est là une affaire d'examen attentif et minutieux de la cause à juger.

Nous arrivons au paragraphe 4, le dernier que nous ayons à examiner :
« Les parties ne peuvent renoncer à l'avance au droit éventuel de
« demander des dommages-intérêts. »

La question qui vient aussitôt à l'esprit est la suivante : Mais les parties
ne peuvent-elles pas convenir librement entre elles d'une somme fixe en
cas de dédit ou de brusque rupture ?

Certains Tribunaux ont jugé l'affirmative en se basant sur ce que la loi
n'a mis aucun obstacle à ce que les parties puissent s'entendre à l'avance
sur l'indemnité qui serait due en cas de rupture du contrat. (Trib. de com. :
Lille, 26 mai 1891 ; Nantes, 11 juillet 1891.)

Le Tribunal de commerce de la Seine a décidé, par un jugement du
9 septembre 1892, que « lorsque les parties contractantes ont d'un
« commun accord fixé à l'avance l'indemnité qui serait due en cas de
« brusque renvoi de la part du patron ou de brusque départ de la part
« de l'employé, celui-ci n'a droit qu'à l'indemité préalablement déterminée
« par la convention intervenue entre son patron et lui, *sans pouvoir pré-*
« *tendre à d'autres et plus amples dommages-intérêts* ».

Je citerai encore sur ce point un jugement du Tribunal de commerce
de Tarbes, du 12 mai 1897, dont voici quelques extraits :

« Attendu qu'après convention il ne saurait être permis, ni à l'une, ni à
« l'autre des parties de se soustraire à l'exécution de l'une des clauses
« auxquelles chacune d'elles a librement consenti ; que, dès lors, dans
« l'espèce, la demanderesse doit subir la loi qu'elle s'est faite elle-même ;

« Attendu, toutefois, qu'il est vrai que certaines conventions peuvent
« parfois ne pas être sanctionnées par la justice, mais que c'est seulement
« dans le cas où ces conventions sont contraires à la loi ; mais qu'il n'en
« est pas ainsi dans l'espèce actuelle et qu'en effet, une indemnité a été
« stipulée dans l'éventualité de la rupture du contrat et qu'il n'était pas

« illicite d'en fixer à l'avance la quotité; que le Tribunal est donc lié par
« cette convention qui ne déroge nullement aux termes de la loi du
« 27 décembre 1890, et qui ne saurait être annulée que si les parties
« s'étaient engagées à renoncer à toute indemnité au moment où le louage
« prendrait fin;

« Attendu que, par sa décision, le Tribunal entend témoigner de son
« respect pour la liberté des contrats et pour le principe absolu que les
« conventions non contraires à l'ordre public font la loi des parties; que,
« dès lors, il ne saurait ni approuver, ni appliquer cette théorie qui s'est
« fait jour au Sénat, lors de la discussion de la loi du 27 décembre 1890,
« à savoir que, à l'égard des contrats de la nature de celui dont il s'agit,
« les Tribunaux pourraient substituer leurs appréciations aux conventions
« formelles des deux parties; qu'il faut d'ailleurs considérer que le contrat
« intervenu entre la demoiselle Caubit et la Compagnie Singer forme un
« tout ; qu'il est possible que l'indemnité prévue en cas de résiliation lui
« ait paru minime, mais qu'elle en a néanmoins accepté les conditions,
« considérant sans doute que les avantages de l'emploi qu'elle obtenait, les
« gages qui étaient attachés et l'ensemble des éléments de la convention
« se faisaient compensation et s'équilibraient ;

« Attendu qu'il suit de ce qui précède que la demande formée par la
« demoiselle Caubit est infondée et doit être rejetée ;

« Et attendu qu'il n'apparaît point de causes de dommages-intérêts en
« faveur de la Compagnie Singer et que la partie qui succombe doit être
« condamnée aux dépens ;

« Par ces motifs,

« Prenant droit des faits et circonstances de la cause, rejette la demande
« formée par la demoiselle Caubit ; l'en déboute et la condamne en tous
« les dépens de l'instance. »

Cette jurisprudence paraît fort critiquable et fort dangereuse, car elle
tendrait à infirmer virtuellement l'esprit de la loi de 1890, dont elle con-
tredit les travaux préparatoires.

En effet, la disposition précitée de l'article 1780, paragraphe 4, a été
introduite dans cet article sur la proposition de M. Trarieux; et, sur une
question d'un membre du Sénat, demandant si cette disposition inter-
disait la convention par laquelle, prévoyant la rupture du contrat, on
aurait stipulé l'indemnité qui serait due, M. Trarieux s'exprimait ainsi à
la séance du 28 novembre 1890 :

« Si, en principe, nous permettions de fixer par avance les dommages-

« intérêts par des clauses pénales, nous aurions, comme je l'ai déjà
« démontré, à redouter surtout qu'elles ne servissent de moyens pour
« éluder une loi que nous voulons rendre obligatoire. Quant à ces clauses
« pénales sérieusement et équitablement stipulées par les parties, nous
« n'avons point à nous en préoccuper, car il nous a paru d'évidence
« qu'elles feraient forcément la *loi des Tribunaux* si ceux-ci étaient appelés
« à en apprécier le caractère. En donnant en effet à la justice, comme règle
« de ses décisions, la mission de se référer aux usages et à toutes les
« circonstances propres à l'éclairer, il n'y a point à craindre qu'elle
« néglige de sanctionner, en se les appropriant, des conditions qui lui
« auraient paru loyales et équitables. Mais ce que nous ne voulons pas,
« c'est que la porte reste ouverte à des simulations et à des fraudes, et
« c'est pour ce motif que nous avons tenu à réserver en toute hypothèse
« ce contrôle (des Tribunaux) s'il plaisait aux parties, à leurs risques et
« périls, de s'y référer. »

A la même séance du Sénat, sur une observation faite par M. Munier,
M. Trarieux ajoutait que, si la convention fixait un chiffre de dommages-
intérêts inférieur à celui réellement dû, « cette convention ne serait pas
« opposable ».

Enfin, interrogé sur le point de savoir si le Tribunal aurait le droit de
réduire le dédit en cas où il le trouverait exorbitant, M. Trarieux décla-
rait encore dans la même séance du 28 novembre 1890 : « Les Tribunaux
« auraient la mission d'être équitables, quand on les consulterait, et nous
« avons pleine confiance dans leur prudence et dans leur justice. »

On peut donc conclure que, dans la pensée qui a présidé à sa rédaction,
l'article 1780, paragraphe 4 nouveau, s'oppose à ce que les Tribunaux
tiennent pour obligatoire la convention par laquelle les parties auraient fixé à
l'avance l'indemnité due au cas de rupture du contrat de louage de services.

Le texte de ce paragraphe ne comporte pas d'ailleurs une autre interprétation. En interdisant aux parties de renoncer à l'avance au droit
éventuel de se demander des dommages-intérêts pour rupture intempestive du contrat de louage de service, il a dû viser à la fois, sous peine de
rendre ses prescriptions inefficaces, et la renonciation pure et simple à
toute indemnité et les stipulations qui seraient promptement devenues
de style, dans le contrat de louage, par lesquelles les parties auraient à
l'avance fixé une indemnité dérisoire.

L'article 1780, paragraphe 4, a entendu réserver exclusivement aux
Tribunaux le droit d'arbitrer en tenant compte des éléments qu'il énumère,
si des dommages-intérêts sont dus, et le montant de ces dommages. Les
juges ne sont donc pas liés par la convention qui fixerait à l'avance le mon-

tant de l'indemnité à payer, en cas de rupture du contrat, soit par le patron à l'ouvrier ou employé, soit par l'ouvrier ou employé au patron, pas plus qu'il ne saurait l'être par une renonciation pure et simple à toute indemnité.

Sans doute si le contrat a prévu une indemnité équitable, rien n'empêche le juge de maintenir l'estimation faite à l'avance par les parties du dommage causé par la rupture du contrat, mais il le fera en vertu de son pouvoir propre de décision, et sans que l'exécution de la clause pénale s'impose à lui. (V. en ce sens Schaffhauser, Labori et Gompertz, Pic, etc.).

Ainsi s'exprime le *Répertoire général du Droit Français*, 1898, dans ses chapitres 276 et 277, et je considère pour ma part ses conclusions comme les seules rationnelles.

Au surplus, la thèse sur laquelle se sont basés les Tribunaux de commerce précités me semble peu utile au principe, car, quelque minime que soit le dédit stipulé, il pourra être maintenu toutes les fois qu'il sera néanmoins en harmonie avec la nature et les conditions du contrat. De même, en sens contraire, les Tribunaux pourront apporter une salutaire modération à des conventions imprudentes, lorsque les circonstances le justifieront.

Pour terminer ce travail forcément incomplet, mais dans lequel cependant je voudrais tracer les lignes principales du sujet, il me reste à signaler, par quelques citations et quelques sommaires de jugements, les décisions de justice indiquant les règles de procédure, les principales espèces commerciales qui se sont présentées sous ce vocable du contrat de louage d'ouvrage, indications d'où résulteront en même temps quelques bases pour la fixation des quotités de dommages et intérêts.

Ces dernières, il est à peine besoin de le redire, dépendront toujours des circonstances de la cause et de la nature du contrat résilié.

Charge de la preuve. — A qui incombera la charge de la preuve des abus argués devant les Tribunaux ?

La jurisprudence a commencé par distinguer entre le renvoi avec délai de congé et la rupture immédiate, *ad nutum ;* mais elle s'est rangée à l'opinion de la preuve par le plaignant ou demandeur en indemnité, conformément à la règle fondamentale de notre droit public.

Jugé qu' « un Commerçant qui donne congé à son employé un mois « d'avance, est cependant passible de dommages-intérêts, s'il ne lui a « laissé pendant le délai du préavis, aucun temps pour chercher un nou-

« vel emploi. » (Trib. com. Marseille, 20 oct. 1896). Il s'agissait d'un concierge d'usine dont la présence continuelle avait été exigée.

Jugé en sens inverse que « l'employé de commerce qui, sans motifs « admissibles, refuse inopinément de remplir la mission pour laquelle il « a été engagé à des conditions très rémunératrices, est passible de dom- « mages-intérêts en proportion du préjudice que cause à son patron la « rupture par son fait du contrat de louage d'ouvrage. » (Trib. de com. de Lyon, 10 mars 1896. Confirmation avec adoption de motifs, Cour de Lyon, 3 février 1897.)

« Le journal qui congédie un de ses rédacteurs par simple mesure « d'économie, en ne lui laissant qu'un délai tout à fait insuffisant (en « l'espèce sept jours) pour chercher utilement une autre collaboration, fait « un usage abusif de ses droits. Et le rédacteur ainsi congédié est fondé à « réclamer des dommages-intérêts en réparation du préjudice qui lui a été « causé. » (Trib. de com. de la Seine, 10 juin 1897.)

« Quels que soient les usages qui autoriseraient les patrons de cafés « et restaurants à renvoyer sans préavis ni indemnité leurs garçons ou « cuisiniers, réservant à ceux-ci les mêmes droits, ces usages ne sont pas « applicables à un contre-maître faisant fonction de gérant et surveillant « d'un établissement. La rupture d'un contrat dans ce cas est celle d'un « contrat de louage d'ouvrage à durée indéterminée qui peut toujours « avoir lieu au gré des parties contractantes, sous seule réserve d'indem- « nité en cas d'abus et de préjudice. » (Trib. com. Lyon, 14 août 1897.)

De plus longues citations seraient évidemment fastidieuses et il vous suffira, mes chers Collègues, de vous reporter au *Recueil de jurisprudence des Tribunaux de commerce de Lyon et de Saint-Etienne* pour trouver sur la même matière un grand nombre de jugements ayant reçu pour la plupart la consécration de la Cour d'appel.

Je citerai néanmoins en terminant le sommaire d'un jugement du Tri- bunal de commerce de Nantes, du 2 juillet 1898, relatif à une espèce parti- culière :

« Un double élément est nécessaire pour que le commis congédié puisse « réclamer à son patron une indemnité pour brusque congédiement : faute « du patron ou du moins abus de son droit, préjudice ayant pu en résulter « pour l'employé.

« Dès lors si le liquidateur judiciaire d'une maison de commerce con- « gédie brusquement au cours de la liquidation un employé, après avoir « convenu avec tout le personnel de la maison que ceux d'entre eux qui « seraient gardés par lui ne le seraient qu'à titre essentiellement provisoire, « et que, par réciprocité, le droit de quitter la maison leur était reconnu

« dans les mêmes conditions, l'employé congédié n'a droit à aucune
« indemnité.

« Vainement soutiendrait-on que cette convention est nulle, comme
« contraire à l'article 1780, la prohibition dont il s'agirait ne peut trou-
« ver son application qu'entre patrons et employés et n'est point appli-
« cable au liquidateur judiciaire, lorsqu'il ne poursuit pas le but de
« continuer l'exploitation commerciale, mais seulement un but de liquida-
« tion au vu et su des employés[1]. »

En résumé, si on examine attentivement la jurisprudence, aujourd'hui
volumineuse, qui s'est édifiée sur le nouvel article 1780, on constate, en
dépit de quelques contradictions apparentes, que le principe majeur qui a
constamment dominé est l'application des règles de la loyauté des contrats que n'a pu ni voulu affaiblir le texte modifié.

Là où il n'y a point d'abus, la loi ne pouvait infliger aucune pénalité.

Pourvu donc que les usages connus et acceptés de part et d'autre
soient respectés, que les conventions soient suivies dans leur esprit,
qu'aucune faute commise, surtout avec intention de nuire ou avec la
notion préalable d'un préjudice, ne soit relevée, les dispositions édictées
par la loi du 27 décembre 1890 ne peuvent donner lieu à aucun procès
sérieux.

Mais, comme dès avant cette loi, le juge distinguera entre le maître
qui renvoie son domestique, le patron qui renvoie son ouvrier, son
commis, son caissier ou son gérant.

S'il est en présence d'un employé supérieur intéressé dans les béné-
fices ou ayant de gros appointements ; d'un employé de confiance qui
aura fait prospérer sa maison, fondé des succursales ou d'un voyageur
ayant amené une grosse clientèle, il n'arbitrera pas en cas de renvoi
intempestif ou injustifié sur les mêmes bases qu'à l'égard d'un employé
subalterne payé à la journée ou à la semaine.

Il ne traitera pas sur le même pied un ancien et important collabora-
teur et un auxiliaire secondaire et nouvellement attaché.

Le bon sens et l'équité seront donc toujours les meilleurs guides de la
justice dans ses jugements et ses arrêts.

Cependant, malgré que l'esprit de l'article 1780 soit aujourd'hui forte-
ment dégagé par un nombre considérable de solutions judiciaires, il est
certain que l'analyse et les commentaires souvent délicats de cette législa-

---

[1] Il convient de remarquer en passant que, en cas de faillite ou de décès d'un des
contractants, il y a extinction naturelle du contrat de louage d'ouvrage, mais il peut y
avoir lieu, suivant les cas, à indemnité de rupture.

tion spéciale tenteront quelque juriste éminent, qui en fera l'objet d'un traité particulier.

J'aurais voulu pouvoir vous signaler d'autres matériaux pour cet édifice présumé ; et, à ce point de vue, je regrette de n'avoir pu vous faire connaître un travail très complet sur le même sujet, dû à un des magistrats consulaires les plus appréciés et les plus estimés, M. Naquet, ancien Président du Tribunal de commerce d'Avignon. Nous pourrons avoir sous peu son ouvrage actuellement sous presse et dont j'ai ouï dire le plus grand bien.

Il eût été prétentieux et déplacé de donner une épigraphe à ce simple travail, à ce résumé modeste; mais, à la fin, permettez-moi de vous signaler, messieurs, qu'en faisant les quelques recherches qu'il a occasionnées, j'ai été frappé par les dissemblances des arrêts de Cour d'appel et même de Cour de cassation sur des espèces sensiblement analogues. J'en ai conclu que les hauts magistrats eux-mêmes, qui distillent les textes et en tirent l'essence, subissent invinciblement les effets des circonstances et des conditions particulières des procès.

J'en ai conclu que la moralité du contrat, la sensation de l'honnêteté respective de chaque partie en cause, étaient les motifs véritables de ces dissemblances apparentes.

J'en ai conclu enfin que nous, juges consulaires, nous devions de plus en plus juger sous l'impression de la morale commerciale et de l'équité abstraite.

Que l'aphorisme célèbre *summum jus, summa injuria*, était de plus en plus vrai, puisqu'il était la règle invisible, mais puissante, à laquelle obéit le plus souvent la Cour suprême elle-même.

Lyon. — Imp. A. Rey, 4, rue Gentil. — 19980

www.ingramcontent.com/pod-product-compliance
Lightning Source LLC
Chambersburg PA
CBHW050416210326
41520CB00020B/6620